의학 계열 **수의사**
예체능 계열

작곡가

적성과 진로를 짚어 주는
직업 교과서 35

수의사&작곡가

1판 1쇄 발행 | 2013. 8. 16.
1판 6쇄 발행 | 2018. 10. 19.

와이즈멘토 글 | 정몽해 그림

발행처 김영사 | **발행인** 고세규
등록번호 제 406-2003-036호 | **등록일자** 1979. 5. 17.
주소 경기도 파주시 문발로 197(우10881)
전화 마케팅부 031-955-3100 | **편집부** 031-955-3113~20 | **팩스** 031-955-3111

ⓒ 2013, 와이즈멘토

값은 표지에 있습니다.
ISBN 978-89-349-6006-5 74080
ISBN 978-89-349-5971-7 (세트)

좋은 독자가 좋은 책을 만듭니다. 김영사는 독자 여러분의 의견에 항상 귀 기울이고 있습니다.
독자의견전화 031-955-3139 | 전자우편 book@gimmyoung.com | 홈페이지 www.gimmyoungjr.com
어린이들의 책놀이터 cafe.naver.com/gimmyoungjr 드림365 cafe.naver.com/dreem365

어린이제품 안전특별법에 의한 표시사항
제품명 도서 제조년월일 2018년 10월 19일 제조사명 김영사 주소 10881 경기도 파주시 문발로 197
전화번호 031-955-3100 제조국명 대한민국 ⚠주의 책 모서리에 찍히거나 책장에 베이지 않게 조심하세요.

적성과 진로를 짚어 주는
직업 교과서 35

의학 계열
예체능 계열

수의사
작곡가

와이즈멘토 글 | 정몽해 그림

주니어김영사

- 머리말_진로성숙도를 높여라!…10
- 진로 교육의 목표 & 이 책의 구성과 활용법…12

수의사

Step 1 수의사 이야기…18

Step 2 역사 속 직업 이야기…20

Step 3 수의사는 어떤 사람일까?…22
★돌발퀴즈…23

Step 4 수의사는 무슨 일을 할까?…24
★돌발퀴즈…27
★동물에게 쓰레기를 주지 마세요…28
★엘리자베스 여왕의 강아지?…29

직업 일기_수의사의 하루…30

Step 5 수의사의 좋은 점 vs 힘든 점…32
★돌발퀴즈…33

Step 6 수의사는 어떤 능력이 필요할까?…34
★돌발퀴즈…35

Step 7 수의사가 되기 위한 과정은?…36
★돌발퀴즈…37
직업 사전, 적합도 평가…38

Step 8 교사와 학부모를 위한 가이드
적성&진로 지도…40
직업 체험 활동…42

작곡가

Step 1	작곡가 이야기…46
Step 2	역사 속 직업 이야기…48
Step 3	작곡가는 어떤 사람일까?…50
	★돌발퀴즈…51
Step 4	작곡가는 무슨 일을 할까?…52
	★돌발퀴즈…55
	★세계에서 가장 긴 교향곡…56
	★지구촌의 대표적인 음악 대학…57
	직업 일기_작곡가의 하루…58
Step 5	작곡가의 좋은 점 vs 힘든 점…60
	★돌발퀴즈…61
Step 6	작곡가는 어떤 능력이 필요할까?…62
	★돌발퀴즈…63
Step 7	작곡가가 되기 위한 과정은?…64
	★돌발퀴즈…65
	직업 사전, 적합도 평가…66
Step 8	교사와 학부모를 위한 가이드
	적성&진로 지도…68
	직업 체험 활동…70
	•돌발퀴즈 정답…72

머리말

진로성숙도를 높여라!

　진로 교육에서 가장 중요한 개념 중 하나가 '진로성숙도'입니다. 자신의 적성을 찾고, 그 적성이 잘 드러나는 직업 분야에 도달하는 과정을 설계하기 위해 필요한 요소들을 잘 알고 있는 정도를 '진로성숙도'라고 합니다.

　예를 들어 볼까요?

　초등학생인 A학생에게 꿈을 물어봤더니 '과학자'라고 답을 합니다. 중학생이 된 A학생에게 다시 꿈을 물었더니 이번에도 '과학자'라고 합니다. 고등학교로 진학한 A학생에게 꿈이 뭐냐고 물으니 여전히 '과학자'라고 답을 합니다. 이런 A학생은 일관된 꿈을 가지고 있다고 말은 하지만 사실은 진로성숙도가 높아지지 않는 상태입니다.

　그렇다면 어떤 것이 진로성숙도가 높은 것일까요?

　B학생에게 물어봤습니다. 초등학교 때 '과학자'라고 답을 합니다. 중학교 때는 '과학자가 되고 싶은데 핵물리학자'가 꿈이라고 이야기를 합니다. 고등학교 때는 '핵물리학자가 되어서 미국 NASA와 같은 곳에서 연구를 하고 싶다'라고 말을 합니다. 이렇게 점점 시간이 지날수록 꿈을 구체화하는 능력이 바로 진로성숙도입니다.

　많은 대학생이 명문 대학을 다니면서도 뭘 해야 될지 모르겠다고 합니다. 이렇게 방황하는 이유는 대부분의 학생들이 학습 능력은 키워 왔지만 진로성숙도는 키워 오지 않았기 때문입니다. 학부모나 교사들이 공부만을 강조했던 것이 아이의 행복에 오히려 독이 된 셈이지요.

　진로성숙도를 높이려면 다양한 직업에 대해서 알아보고, 각 직업에 대하여 나이에 맞게 조금 더 깊이 탐색해 보는 활동이 필요합니다. 그 활동을 가장 적합하게 도와주는 것이 바로 〈적성과 진로를 짚어 주는 직업 교과서〉 시리즈입니다. 이 시리즈가 우리 아이들이 보다 넓고 깊은 지식을 얻어 행복을 설계하는 능력을 갖추는 데 도움이 되기를 바랍니다.

와이즈멘토 대표이사
조진표

진로 교육의 목표 & 이 책의 구성과 활용법

교육 과정에서 진로 교육의 목표는 '긍정적인 자아 개념을 형성하고 진로 탐색과 계획 및 준비를 위한 기초 소양을 기르는 단계'입니다. 즉, 현명한 진로 선택을 위해 자신감을 가지고 다양한 직업을 알아보며 꿈을 키워 가는 시기라는 말이지요. 무한한 가능성이 있는 시기이므로 많은 직업을 탐색하면서 좀 더 구체적으로 '나의 꿈, 나의 목표 직업'이 무엇인지 생각해 보는 것이 중요합니다.

교육부에서는 관심 있는 직업을 열 가지 이상 고르고 다양한 방법으로 정보를 수집해서 하는 일, 되는 방법 등 구체적인 정보가 담긴 직업 사전을 만들어 볼 것을 권장하고 있습니다.

더불어 꿈을 실현하기 위해 도움이 되는 과목이 무엇인지 알아보고, 체계적인 학습 계획을 세우고 공부 습관을 길러 나가는 것도 중요합니다.

초등~중학교에서 성취해야 할 진로 교육의 목표는 다음과 같습니다.

(교육부)

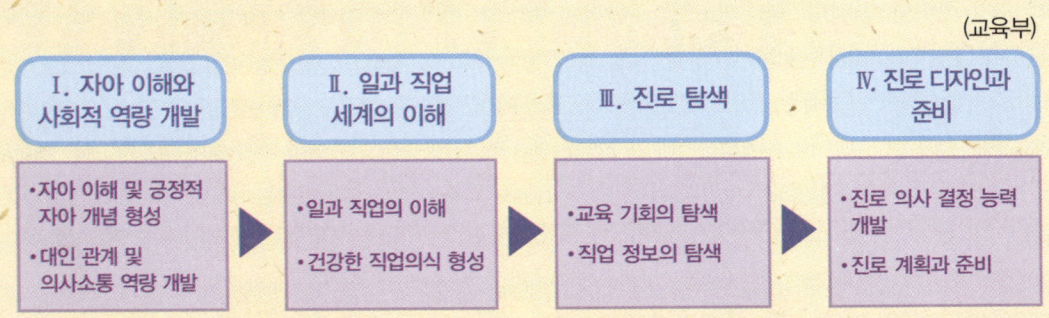

〈적성과 진로를 짚어 주는 직업 교과서〉는 진로 교육 목표에 맞춰, 초등학교와 중학교 과정에서 알아야 할 직업 정보를 직업 소개와 활동을 통해 자기 주도적으로 탐색할 수 있도록 구성했습니다.

❶ 진로 정보 탐색을 위한 본문 구성

Step 1·2 이야기	직업에 대한 호기심을 가질 수 있도록 한다.
Step 3 어떤 사람일까?	직업의 정의에 대해 알 수 있다.
Step 4 무슨 일을 할까?	직업이 갖는 다양한 역할에 대해 알 수 있다.
Step 5 좋은 점 vs 힘든 점	직업의 좋은 점과 힘든 점에 대해 알 수 있다.
Step 6 어떤 능력이 필요할까?	직업을 갖기 위해 필요한 능력들에 대해 알 수 있다.
Step 7 되기 위한 과정은?	중·고등학교, 대학교 과정 등 최종 목표 직업에 도달하기 위한 경로를 알 수 있다.

❷ 진로 디자인과 준비를 위한 본문 구성

Step 7 직업 사전	도서를 통해 탐색한 진로 정보를 바탕으로, 직업 사전을 구성할 수 있다.
Step 7 적합도 평가	직업에 대한 이해를 바탕으로 나에게 적합한 직업인지를 평가해서, 의사 결정을 내릴 수 있다.

❸ 학부모와 교사를 위한 본문 구성

Step 8 교사와 학부모를 위한 가이드 적성&진로 지도	해당 직업을 갖기 위해 도움이 되는 관련 교과목, 교과 외 활동을 소개하여 학습과 활동 설계에 도움을 받을 수 있다.
Step 8 직업 체험 활동	직업 체험 활동에 대한 정보를 얻을 수 있다.

〈적성과 진로를 짚어 주는 직업 교과서〉에는 다양한 활동이 들어 있습니다. 다음과 같이 활용해 보세요.

★직업 사전

이 직업이 나와 잘 맞는지 판단하기 위해서는 먼저 직업에 대해 충분히 이해하는 것이 중요합니다. 열심히 책을 읽고 난 후, 직업 사전의 빈칸을 채워 보면서, 자신이 직업에 대해 잘 이해했는지 점검해 보세요.

★직업 적합도 평가

직업에 대해 이해했다면 그 직업이 자신과 잘 맞는지 아닌지를 판단해야 합니다. 나와 직업이 얼마나 잘 맞는지 점검해 볼 수 있는 적합도 평가가 있습니다. 직업 사전의 항목을 꼼꼼하게 읽어 본 뒤에 자신과 잘 맞는지 아닌지 정도에 따라 별을 색칠해 보세요. 별의 개수로 점수를 매기고, 평가 기준표를 통해 자신과 직업의 적합도를 확인해 보세요.

★Tip

Tip은 본문의 내용을 잘 이해할 수 있도록 도와주는 역할을 합니다. 이해하기 어려운 단어를 쉽게 설명해 주기도 하고, 직업을 이해하는 데 같이 알아 두면 좋은 정보들이 들어 있습니다. Tip의 내용은 공부할 때 도움이 되는 배경지식이므로 그냥 넘어가지 말고, 꼼꼼하게 읽어 보세요.

★돌발퀴즈

책을 그냥 쭉 읽고, 나중에 직업 사전의 빈칸을 채우려면 어렵겠죠? 그래서 본문 중간중간에 중요한 내용들을 확인해 주는 돌발퀴즈가 있습니다. 처음에는 문제만 보고 답을 한번 맞혀 보세요. 잘 모르겠으면 다시 본문으로 돌아가 내용을 차근차근 읽어 보세요. 돌발퀴즈의 정답은 책의 맨 뒷장에 있습니다.

★교사와 학부모를 위한 적성 & 진로 가이드

　교사와 학부모가 진로 지도를 할 때, 꼭 알아 두어야 하는 내용입니다. 아이들이 직업에 관심을 보일 때 어떻게 직업을 이해하도록 해야 하는지, 직업에 대해 아이들이 제대로 이해하고, 준비하기 위해서는 어떤 활동을 해야 하는지가 상세히 설명되어 있습니다.

　더불어 학습 설계의 중점 과목을 통해 앞으로 어떤 과목을 중점적으로 공부해야 할지 확인하고, 학교에서 어떤 활동을 하도록 지도하면 좋은지 확인해 보세요. 아이와 함께하는 직업 체험 활동에서는 주말이나 방학을 이용해 할 수 있는 직업 체험 활동들을 자세히 소개하고 있습니다. 꼭 활용해 보세요.

　자, 지금까지 진로 교육의 목표를 확인하고 책이 어떻게 구성되어 있고 어떻게 활용하는지 살펴보면서 직업 탐색을 위한 준비를 마쳤습니다. 그럼 본격적으로 직업 탐색을 위한 여행을 떠나 볼까요?

 의학 계열

수의사

Step 1

수의사 이야기

많은 사람이 즐겨 보는 텔레비전 프로그램 가운데 하나는 바로 동물이 나오는 프로그램입니다. 이런 프로그램에서는 주인에게 버려지고 다쳐 우리 마음을 아프게 하는 동물들이 종종 나옵니다. 그런 동물들이 마음의 문을 닫고 사람을 피하는 모습을 보면 미안한 마음마저 듭니다. 하지만 염려하지 않아도 된답니다. 다친 동물을 치료해 주고, 마음의 문을 닫은 동물을 위로해 주는 사람이 있으니까요. 그 사람은 동물의 수호천사, 바로 수의사입니다.

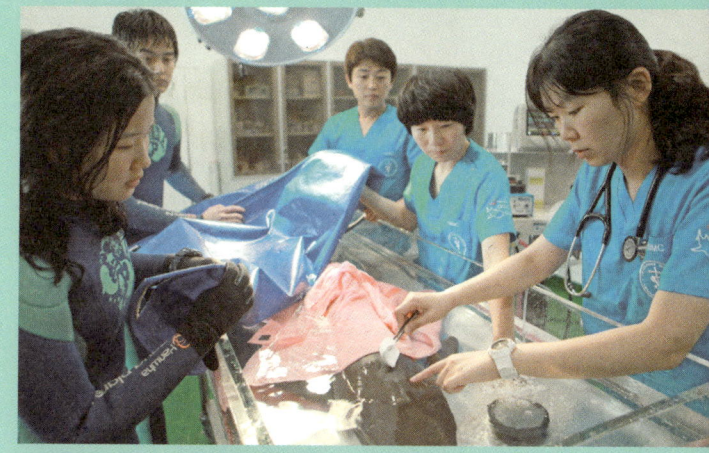

바다 생물을 치료하는 수족관의 수의사들

눈 속에 갇혀 있던 산양의 건강 상태를 살피는 수의사

버려진 동물을 치료한 뒤 새 주인을 찾아 주는 수의사

Step 2

역사 속 직업 이야기

　인간과 동물은 오랫동안 함께 살아왔습니다. 그래서 수의사의 역사 역시 매우 오래되었습니다. 고대 유적지 곳곳에서 수의사를 의미하는 단어들이 발견되고 있지요.

　대표적인 예로, 고대 유적지인 메소포타미아 남부 수메르 지역(지금의 이라크 지역)의 어느 왕의 무덤에서는 '소의 질병을 고치는 의사'를 의미하는 문자가 발견되었습니다. 바빌론 제국 시대의 함무라비 법전에는 '소와 당나귀 의사'라는 단어가 사용되었지요. 또 고대 인도에서는 '코끼리와 말의 의사'라는 단어가 사용되었습니다. 말의 진료법을 기록한 사람의 이름 '살리호트리야'는 현재 인도에서 수의사를 의미하는 '살루트'의 어원이기도 합니다.

　이러한 역사의 기록들로 미루어 볼 때 수의사는 오랜 옛날에도 꼭 필요한 직업이었다고 짐작할 수 있습니다. 옛날에는 동물이 사냥의 대상이기도 했지만, 노동과 교통의 수단이기도 했습니다. 소로 밭을 갈고, 말을 타고 먼 곳까지 간 것이 그 예입니다. 이와 같이 동물은 사람에게 무척 이로운 존재였습니다. 따라서 동물을 돌보고 동물의 건강을 관리할 수의사가 꼭 필요했던 것입니다.

우리나라에서 언제 처음 수의사가 활동했는지는 정확히 알려지지 않았습니다. 595년 고구려의 혜자 스님이 불교를 전하려고 일본에 갔다가 말을 치료하는 의술을 가르쳤다는 기록이 남아 있는 것으로 보아 삼국 시대로 짐작할 뿐입니다. 하지만 먼 옛날부터 가축을 길렀고, 군대에서는 군마(군대에서 전투에 쓰는 말)를 소중하게 여겼기 때문에 그 이전에도 수의사는 있었을 거라고 추측하고 있답니다.

동물을 치료하는 수의학은 삼국 시대, 고려 시대를 거쳐 조선 시대에 와서 체계적으로 정리되었습니다. 조선 시대에는 말을 치료하는 '마의'가 매우 중요한 관직이기도 했습니다. 전쟁, 교통, 농사 등 말의 쓰임새가 무척 많았기 때문입니다. 그 시절 말은 정말 귀한 대접을 받았습니다. 임금도 가마를 타지 않을 때는 말을 탔고, 외국의 사신들도 말에 태워 모셨으니, 귀하게 대접할 수밖에 없었지요. 고려와 조선은 궁궐 안에 말, 가마, 외양간 등을 관리하는 '사복시'라는 기관까지 두어 말들을 '특별 관리'했습니다.

오늘날 동물은 단순히 노동과 교통의 수단이 아닌 다양한 방면에서 우리에게 도움을 주고 있습니다. 시각 장애인의 눈이 되어 주는 안내견도 있고, 우리의 삶을 즐겁게 해 주는 친구인 반려 동물도 있어요. 이제는 동물을 더불어 살아가는 친구로 여겨야 합니다. 이러한 마음은 동물을 돌보는 수의사에게 더욱 필요합니다.

Step 3
수의사는 어떤 사람일까?

동물들의 수호천사

　수의사는 동물에게 생기는 여러 가지 질병을 진찰하고 치료하는 의사입니다. 보통 임상 수의사와 비임상 수의사로 구분됩니다. 임상 수의사는 동물을 직접 치료하는 의사를 가리킵니다. 반려 동물을 키워 본 사람은 한번쯤 임상 수의사를 만났을 거예요. 동물 병원에서 반려 동물을 치료해 주고, 예방 주사도 놓아 주고, 새끼를 낳는 일도 도와주는 수의사들은 모두 임상 수의사입니다. 규모가 큰 대학의 동물 병원에서는 안과, 내과, 외과, 치과 등 각 과의 담당 임상 수의사들이 일하고 있습니다.

　비임상 수의사는 위생 관리, 방역, 검역, 연구 활동 등의 일을 하는 의사를 가리킵니다. 돼지 콜레라, 조류 독감 같은 무서운 전염병을 막는 사람이 바로 비임상 수의사입니다. 외국에서 수입하는 축산물을 검사하는 일도 비임상 수의사가 합니다. 이 검사는 비임상 수의사에게 매우 중요한 업무입니다. 검사를 소홀히 하면 병균이 든 식품을 사람이 먹을 수도 있고, 그런 일이 생기면 국민의 건강을 크게 위협할 수 있기 때문입니다.

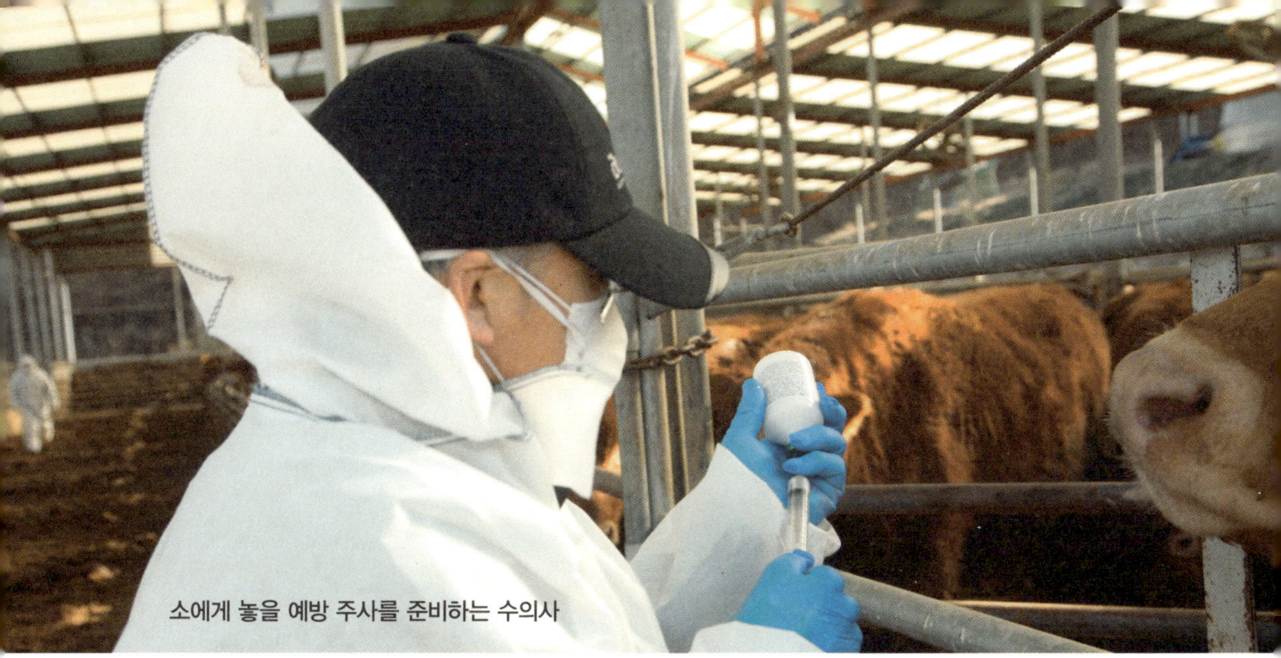

소에게 놓을 예방 주사를 준비하는 수의사

그 밖에도 수의사는 동물의 질병을 치료하는 의학을 연구하고, 약을 개발하기도 합니다. 사람을 치료하는 의사는 '사람'만 공부하면 되지만, 수의사는 돼지, 소, 닭 등 여러 종류의 동물을 모두 공부해야 하지요.

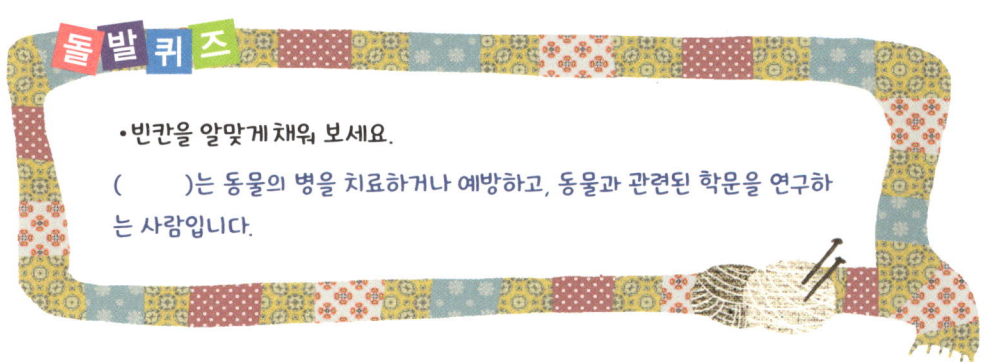

• 빈칸을 알맞게 채워 보세요.
(   )는 동물의 병을 치료하거나 예방하고, 동물과 관련된 학문을 연구하는 사람입니다.

Step 4

수의사는 무슨 일을 할까?

사람은 스스로 병원에 찾아가 의사에게 어디가 아픈지를 말로 표현할 수 있습니다. 하지만 동물은 혼자 병원에 갈 수도 없고, 아픈 곳이 있어도 말할 수 없습니다. 그런 데다 치료해 주려 하면 겁부터 먹고 발버둥치기 일쑤입니다. 그래서 수의사는 말 못 하는 동물 환자를 안전하게 치료하기 위해 노력합니다. 수의사에게는 동물의 몸을 진료하는 것만큼 마음을 진료하는 것도 무척 중요합니다.

다치고 아픈 동물을 치료해요

가장 바탕이 되는 수의사의 업무입니다. 수의사는 동물의 상처나 질병 상태, 또 심리 상태까지 진단해서 알맞은 방법으로 치료합니다. 동물 환자가 반려 동물일 경우에는 보호자에게 그 동물 환자의 질병이 낫기까지 잘 관리하는 요령도 알려 줍니다. 반려 동물을 치료하는 데는 보호자와의 친밀감, 의사소통 등이 매우 큰 영향을 미치기 때문입니다.

그런데 동물 환자는 사람처럼 스스로 병원에 찾아갈 수 없습니다. 특히 길에 버려진 동물들은 사람이 데려다 주지 않으면 치료를 받을 기회조차 없습니다. 그래서 수의사에게 동물을 사랑하는 마음이 무엇보다 중요합니다.

예방 접종을 실시하고, 동물의 분만을 도와요

수의사는 동물이 아프지 않도록 미리 예방 접종을 실시합니다. 예방 접종은 주로 '새끼' 때 이루어집니다. 동물도 사람처럼 어릴 때 면역력이 약하기 때문입니다. 가끔은 동물의 병이 사람에게 옮기도 해서 사람과 동물이 함께 건강하게 살아가려면 동물의 예방 접종은 꼭 필요한 일입니다. 수의사는 동물이 새끼를 잘 낳을 수 있도록 도와주기도 합니다. 사람에게나 동물에게나 분만은 매우 어려운 일입니다. 그래서 수의사는 동물이 안전하게 새끼를 낳을 수 있도록 도와줍니다.

▍새로운 동물 치료 방법을 개발하고 가축 생산 기술을 향상시켜요

수의사는 동물의 질병을 더 잘 치료할 수 있는 치료법을 개발합니다. 좀 더 손쉽고 성공 확률이 높은 치료 방법을 개발하는 것은 수의사의 사명입니다.

수의사는 가축을 더 좋은 품종으로 개량하거나, 우수한 품종을 더 많이 증가시키기 위한 연구도 합니다. 이러한 연구 활동은 보통 대학의 수의학과 교수들이 하는 경우가 많습니다.

▍방역과 검역을 실시해요

전염병이 일어나거나 퍼지는 것을 예방하는 일을 방역이라고 합니다. 뉴스에서 조류 독감에 걸린 닭이 발견된 농가에 소독 약품을 뿌리는 장면을 본 적이 있을 거예요. 조류 독감이 다른 지역으로 번지지 않게 소독 약품을 뿌리는 것인데, 이러한 활동이 바로 방역입니다. 수의사는 방역 대책을 세우고, 방역을 직접 실시하기도 합니다.

검역은 해외에서 전염병의 병균이나 해충이 들어오는 것을 막기 위해 공항과 항구에서 검사하는 일을 가리킵니다. 전염병의 병균과 해충은 동물이나 축산물을 통해서도 들어올 수 있습니다. 따라서 수의사는 동물과 축산물에 대한 검역을 실시합니다.

방역과 검역은 국가가 국민의 건강과 안전을 지키기 위해 시행하는 조치입니다. 따라서 공무원으로 일하는 수의사들이 주로 담당합니다.

동물원의 동물을 관리해요

동물원에 가면 사자, 호랑이, 여우, 독수리 등 많은 동물을 만날 수 있습니다. 그런데 동물원을 구경하다 보면 이따금 텅 빈 우리가 눈에 띄기도 합니다. 이런 경우는 그 우리 안에 사는 동물이 아파서 치료 중일 때가 대부분입니다. 동물원의 동물은 병이 나면 동물원 안에 마련된 병원에서 수의사의 치료를 받습니다.

이처럼 동물원이나 수족관의 동물을 돌보는 것도 수의사가 하는 일입니다. 동물들이 동물원에서 건강하게 지낼 수 있는 것은 수의사가 평소 이들의 질병과 영양 상태를 돌보기 때문입니다. 동물원의 동물은 새끼를 낳을 때도 수의사의 도움을 받습니다.

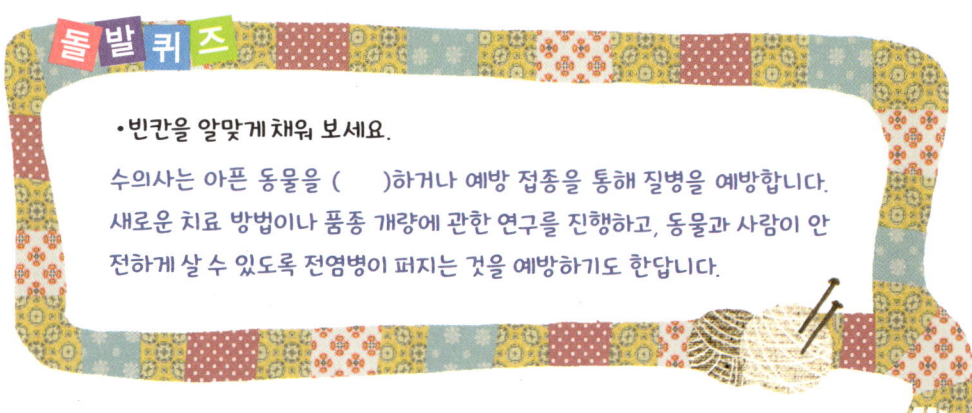

• 빈칸을 알맞게 채워 보세요.

수의사는 아픈 동물을 (　　) 하거나 예방 접종을 통해 질병을 예방합니다. 새로운 치료 방법이나 품종 개량에 관한 연구를 진행하고, 동물과 사람이 안전하게 살 수 있도록 전염병이 퍼지는 것을 예방하기도 한답니다.

동물원의 동물에게 먹이를 주는 아이들

"동물에게 쓰레기를 주지 마세요"

동물원에는 특별히 동물에게 먹이를 줄 수 있도록 개방되어 있는 우리가 있습니다. 동물원에서 지정한 먹이이지만, 내가 주는 먹이를 동물이 냠냠 맛있게 먹는 모습을 보는 것은 동물원에서 느낄 수 있는 큰 즐거움입니다.

그런데 동물이 먹을 수 없는 것을 먹이로 주는 사람도 있습니다. 돌이나 동전은 물론 병뚜껑, 페트병 같은 쓰레기를 장난 삼아 주는 것입니다. 이러한 물건들은 동물을 몹시 아프게 합니다. 자칫 목숨까지 앗을 수 있습니다. 사람에게는 먹을 수 있는 것과 없는 것을 구별할 수 있는 능력이 있지만, 동물에게는 그런 능력이 없습니다. 따라서 먹이가 아닌 것을 동물에게 주는 일은 절대 하지 말아야 합니다.

엘리자베스 여왕의 강아지?

강아지나 고양이가 혀로 몸을 씻는 모습을 본 적이 있나요? 사람은 손으로 몸단장을 하는데, 동물은 손 대신 혀를 사용한답니다.

동물은 혀로 상처를 어루만지기도 합니다. 이때는 동물이 힘들어 해도 상처를 핥지 못하도록 막아야 합니다. 자칫 상처가 덧날 수도 있기 때문입니다. 상처에 약을 발랐을 경우에도 마찬가지입니다. 상처를 핥다가 몸에 발라 놓은 약을 먹기라도 하면 건강에 해로울 수 있습니다. 이런 일을 막기 위해 목에 '엘리자베스 칼라(옷깃)'라는 목 보호대를 두르는 방법이 있습니다. '엘리자베스 칼라'라는 이름은 16세기에 영국을 다스렸던 엘리자베스 여왕이 입은 드레스의 옷깃 모양에서 비롯된 것입니다.

한 가지 주의할 점은 목 보호대를 오랜 시간 착용하면 동물이 힘들어 할 수 있다는 것입니다. 따라서 목 보호대를 둘러 주었을 땐 동물을 더 관심 있게 지켜봐야 합니다.

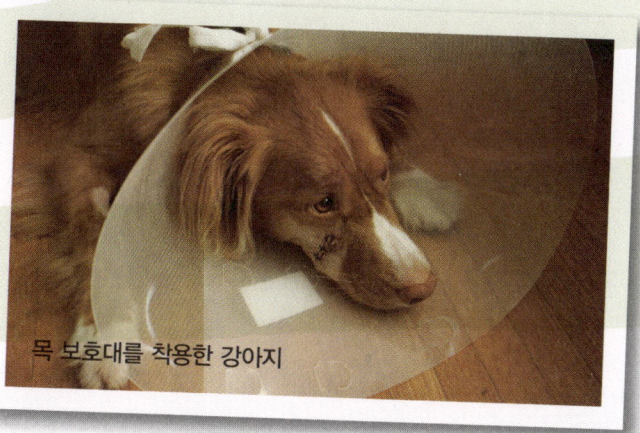

목 보호대를 착용한 강아지

직업 일기
수의사의 하루

"야옹, 야옹."

아침 7시, 입원실 안이 아기 고양이들의 울음소리로 가득하다. 지난밤에 입원한 엄마 고양이의 아기들이 우는 소리다. '호랑이'라는 이름이 어울리는 씩씩한 엄마를 닮아서인지 태어난 지 얼마 안 된 녀석들의 울음소리가 아주 우렁차다. 호랑이는 어제 자정부터 한 시간에 한 마리씩 모두 네 마리를 낳았다.

"아유, 선생님! 수고 많으셨어요. 호랑이 녀석이 낮에는 아무 기색이 없다가 밤부터 낑낑거리는 바람에 급한 마음에 선생님께 연락했어요."

"하하하, 아닙니다. 아기 고양이들이 건강하게 태어나서 다행이죠. 그래도 막내는 호흡이 불안정해서 상태를 좀 지켜봐야 하니, 하루 정도 입원하는 게 좋겠네요."

"네, 그러면 내일 호랑이랑 아기들 데리러 올게요."

"네, 고생 많으셨어요. 내일 뵙겠습니다."

주인이 간 뒤 나는 호랑이와 아기들을 다시 살펴보러 입원실로 들어갔다. 호랑이는 2년 전, 우리 병원에서 돌보던 길고양이가 낳은 녀석인데, 어느새 제 엄마처럼 우리 병원에서 아기들을 낳았다. 마치 내가 이 녀석들의 할머니가 된 것 같아 가슴 뭉클하다.

"호랑아, 수고 많았어. 막내는 괜찮아질 거야. 이제 푹 쉬어."

쉼 없이 아기를 핥아 주던 호랑이가 내 말을 알아듣고 몸을 편한 자세로 바꾸었다. 하지만 이내 또 고개를 들더니, 아기들을 보살피는 데 여념이 없다. 새벽 내내 진통으로 힘들었을 텐데……. 동물이든 사람이든 엄마는 참 대단하다는 사실을 새삼 깨닫는다.

그렇게 한참을 호랑이와 아기들을 돌보다 보니, 어느덧 8시가 되었다. 다른 입원실에 있는 동물들도 살펴보고, 본격적으로 오전 진료를 준비한다. 몸은 피곤하지만, 예쁜 아기 고양이들이 무사히 태어나 기분 좋게 하루를 시작할 수 있을 것 같다.

수의사의 좋은 점 vs 힘든 점

Step 5

좋은 점 : 아픈 동물이 낫는 모습을 보며 보람을 느껴요!

생명을 다루는 일은 늘 긴장해야 하며 뜻대로 되지 않는 경우도 많습니다. 그래서 몸과 마음이 쉽게 지칠 수 있습니다. 그러나 이런 어려움이 있기에 더욱 큰 보람을 얻을 수 있습니다. 치료 과정을 통해 동물이 낫는 모습을 보면 그 기쁨은 두 배로 커집니다.

직업의 전망이 밝다는 것도 큰 장점입니다. 반려 동물을 키우는 사람들이 갈수록 늘고, 또 환경 파괴로 동물들의 피해가 커지면서 폭넓은 동물 의료 서비스가 필요한 상황입니다. 따라서 수의사도 그만큼 더 필요하게 되었습니다.

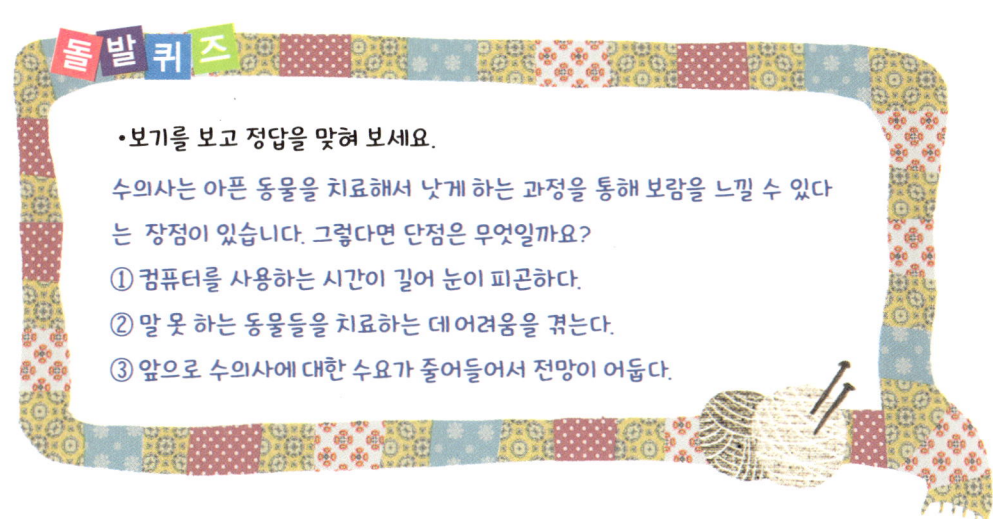

• 보기를 보고 정답을 맞혀 보세요.

수의사는 아픈 동물을 치료해서 낫게 하는 과정을 통해 보람을 느낄 수 있다는 장점이 있습니다. 그렇다면 단점은 무엇일까요?
① 컴퓨터를 사용하는 시간이 길어 눈이 피곤하다.
② 말 못 하는 동물들을 치료하는 데 어려움을 겪는다.
③ 앞으로 수의사에 대한 수요가 줄어들어서 전망이 어둡다.

힘든 점 : 말 못 하는 동물을 치료하는 데 많은 어려움이 있어요!

동물은 자신이 어디가 아픈지, 무엇을 잘못 먹었는지 등을 말해 줄 수 없습니다. 그래서 수의사는 동물을 더 세심히 관찰해야 합니다. 동물은 치료 과정에서 겁을 먹고 수의사를 공격하기도 합니다. 수의사가 자신을 치료하려는 것인지 해치려는 것인지 판단하지 못하기 때문입니다.

무엇보다도 생명을 다루는 일이기 때문에 공부하는 과정이 쉽지 않습니다. 사람을 치료하는 의사처럼 대학에서 6년 동안 공부해야 합니다. 수의사를 꿈꾸는 사람은 동물을 사랑하는 마음만큼 공부에 대한 열정도 필요합니다.

Step 6

수의사는 어떤 능력이 필요할까?

관찰력

동물은 어디가 아픈지 말로 표현할 수 없으므로 수의사가 주의 깊게 관찰해야 합니다. 눈, 코, 입 등 각 부위를 자세히 관찰하고, 여러 가지 검사를 통해 나온 결과를 바탕으로 아픈 원인을 찾아내야 합니다.

치료를 끝낸 뒤에도 동물에게 어떤 반응이 나타나는지 관찰해야 합니다. 동물의 반응을 파악해서 알맞은 처방을 내렸는지 살펴보고, 다음 치료 방향을 결정해야 합니다.

의사소통 능력

수의사는 동물 대신 동물의 보호자와 의사소통을 해야 합니다. 동물의 증세를 파악하려면 보호자에게 평소 동물이 무엇을 먹는지, 병이 날 만한 습관은 없는지 등을 물어야 합니다. 치료한 뒤에는 보호자에게 동물을 돌보는 요령에 대해 잘 설명해야 하고요. 따라서 매끄러운 의사소통 능력이 꼭 필요합니다.

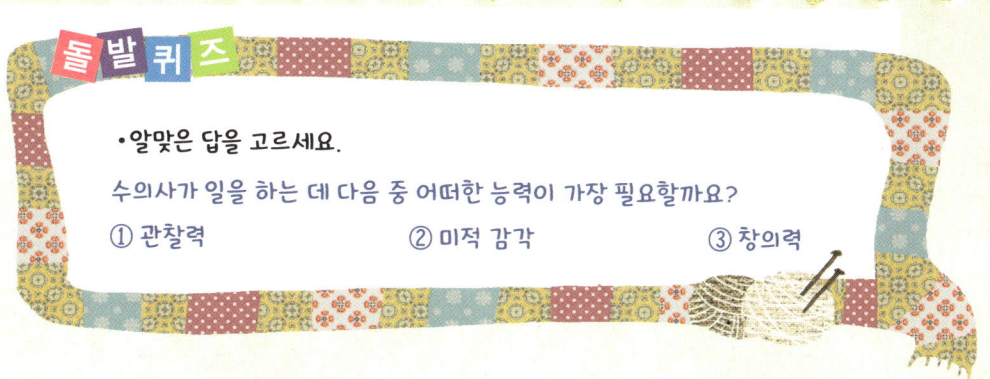

• 알맞은 답을 고르세요.
수의사가 일을 하는 데 다음 중 어떠한 능력이 가장 필요할까요?
① 관찰력　　　　　② 미적 감각　　　　　③ 창의력

판단력

　수의사는 다양한 동물을 치료하므로 동물에 따라서 어떤 치료 방법이 좋을지 판단할 수 있어야 합니다. 겁이 많은 동물을 성급하게 치료하다가 오히려 동물을 다치게 할 수도 있고, 사나운 동물을 치료할 때는 자칫 수의사가 다칠 수 있습니다. 상황에 따라 안전하게 동물을 치료할 수 있는 방법을 재빨리 판단하는 것이 중요합니다.

손재주

　어린 강아지나 새처럼 작은 동물을 치료할 때는 아주 사소한 실수에도 동물이 다칠 수 있습니다. 특히 수술을 할 때는 다칠 위험이 더욱 높아집니다. 그래서 수의사에게는 꼼꼼하고 섬세한 손재주가 필요합니다.

Step 7

수의사가 되기 위한 과정은?

자격증
(수의사 자격증)

졸업 후
(수의사 국가 시험)

대학교
(수의학과)

중·고등학교
(일반 고등학교 이과)

중·고등학교

과학(특히 생물)과 수학 공부에 집중하면 좋습니다. 수의학은 이과 학문이므로 고등학교에서 계열은 이과를 선택해야 합니다. 또한 전공 서적이 보통 영문으로 되어 있으므로 영어를 공부해 두면 도움이 됩니다.

대학교

수의학과에 진학합니다. 수의학과의 교육 과정은 6년입니다. 2년 동안 생물, 화학 같은 기초 과목을 배우고, 나머지 4년 동안 전공 과목을 배웁니다.

졸업 후

수의학과를 졸업하면 국가에서 실시하는 수의사 자격 시험을 치러야 합니다. 이 시험에 합격해야 수의사 자격증을 딸 수 있고, 자격증을 따야만 수의사로 활동할 수 있습니다. 검역과 방역을 담당하는 공무원도 마찬가지입니다. 단 공무원으로 일하는 수의사는 별도의 채용 시험에도 통과해야 합니다.

관련 자격증

수의사 자격증

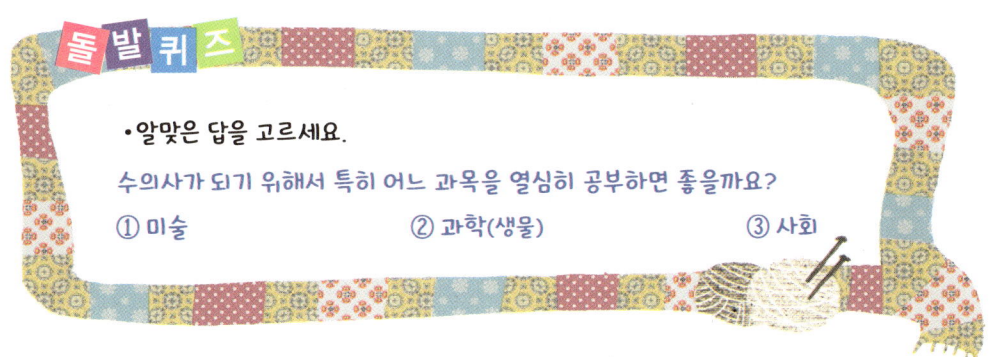

돌발 퀴즈

• 알맞은 답을 고르세요.

수의사가 되기 위해서 특히 어느 과목을 열심히 공부하면 좋을까요?

① 미술　　　② 과학(생물)　　　③ 사회

직업 사전, 적합도 평가

수의사라는 직업이 나와 얼마나 어울릴까?

❖ (　　) 안에 돌발퀴즈의 답을 적어 넣으면 직업 사전이 완성됩니다.

수의사	직업 사전	직업 적합도		
		항목	평가	점수
정의	(　　)는 동물의 병을 치료하거나 예방하고, 동물과 관련된 학문을 연구하는 사람입니다.	수의사라는 직업 자체에 얼마나 흥미가 있나요?	☆☆☆☆☆	/5
하는 일	수의사는 아픈 동물을 (　　)하거나 예방 접종을 통해 질병을 예방합니다. 새로운 치료 방법이나 품종 개량에 관한 연구를 진행하고, 동물과 사람이 안전하게 살 수 있도록 전염병이 퍼지는 것을 예방하기도 합니다.	수의사가 하는 일에 얼마나 흥미가 있나요?	☆☆☆☆☆	/5
장단점	아픈 동물을 치료해서 낫게 하는 과정을 통해 보람을 느낄 수 있다는 장점이 있습니다. 하지만 (　　) 못 하는 동물을 치료하는 데 많은 어려움이 있습니다.	장점과 단점을 모두 고려했을 때 수의사라는 직업에 얼마나 관심이 있나요?	☆☆☆☆☆	/5
필요 능력	수의사가 되려면 (　　), 의사소통 능력, 판단력, 손재주 등이 필요합니다.	수의사가 되기 위해 필요한 능력을 얼마나 가지고 있나요?	☆☆☆☆☆	/5
되는 방법	수의사가 되려면 중·고등학교 때는 수학과 (　　)에 흥미를 가지고 열심히 공부해야 합니다. 대학의 수의학과를 졸업한 후에는 수의사 국가 시험에 합격해야 합니다.	수의사가 되기 위한 공부를 하는 데 얼마나 관심이 있나요?	☆☆☆☆☆	/5

수의사 적합도(총점) :　　/ 25

직업 적합도 평가 방법

❶ 직업 사전의 항목을 꼼꼼히 읽어 보세요.
❷ 직업 적합도 항목을 읽고 해당하는 만큼 별표를 색칠해 주세요.

    0개 : 전혀 없음   1개 : 거의 없음   2개 : 조금 있음

    3개 : 보통   4개 : 많음   5개 : 아주 많음

❸ 별 1개당 1점으로 계산하여 점수를 적어 넣으세요.
❹ 평가 기준(총점)

총점	적합도	목표 직업으로 삼을 경우 고려할 점
21~25	매우 높음	직업 적합도가 매우 높습니다. 이 직업을 목표로 삼고 필요한 능력을 꾸준히 개발하도록 합니다.
16~20	높음	직업 적합도가 높습니다. 적합도 점수가 낮은 부분을 중심으로 보완하도록 합니다.
11~15	보통	직업 적합도가 보통입니다. 꾸준히 관심을 가지고 이 직업에 대해 알아보도록 합니다.
0~10	낮음	직업 적합도가 낮습니다. 해당 직업과 함께 다른 직업의 정보도 함께 알아보도록 합니다.

교사와 학부모를 위한 가이드
적성 & 진로 지도

Step 8

이렇게 지도하세요

수의사는 생명을 다루는 직업이기 때문에 되는 과정도 까다롭고, 수의사가 된 뒤에도 끊임없이 노력해야 합니다. 수의학과의 공부 과정도 어렵지만, 말 못하는 동물을 치료하는 과정 역시 쉽지 않습니다. 따라서 자녀가 어려운 과제를 끝까지 해결하려는 끈기를 갖출 수 있도록 지도해 주세요.

흔히 수의사라고 하면 동물을 치료하는 일만 한다고 생각합니다. 그런데 동물 병원을 열거나 동물원에 취업하는 길 외에도 수의사가 진출할 수 있는 경로는 매우 다양합니다. 한국마사회에 취업하여 말을 전문적으로 돌보는 수의사가 될 수도 있고, 사료업체, 제약업체 같은 기업이나 여러 국가 기관에 소속되어 공중 보건을 위한 검역과 방역 업무를 맡을 수도 있습니다. 수의사가 일할 수 있는 국가 기관으로는 농림축산검역본부, 식품의약품안전처, 가축위생연구소, 시청이나 군청 등이 있습니다. 그 밖에도 세계보건기구, 국제수역사무국과 같은 국제기구에도 진출할 수 있으니, 수의사를 희망하는 자녀에게 수의사가 일할 수 있는 다양한 영역을 알려 주세요.

학습 설계(중점 과목)	
구분I	구분II
국어, **영어**, **수학**	사회, **과학**, 예체능

활동 설계(관련 활동)	
동 아 리	화학·생물 연구반, 실험반, 봉사 동아리
독 서	《소설 동의보감》《의학적 상상력의 힘》《나는 외과의사다》《시골의사의 아름다운 동행》《도시 소년이 사랑한 우리 새 이야기》《유쾌한 수의사의 동물병원 24시》
기 타	동물원 방문하기, 반려 동물 키우기

꼭 알아 두세요

수의사를 꿈꾸는 아이들은 보통 동물을 좋아합니다. 그런데 수의사는 동물의 아픈 곳을 치료해야 하기 때문에 단순히 동물을 좋아하는 마음만 가지고는 되기 어렵습니다. 대학의 수의학과에서는 동물 해부도 해야 하고, 어쩔 수 없이 동물 실험도 해야 합니다. 따라서 자녀가 동물을 좋아하는 취향 외에 과학(생물, 화학) 분야에도 흥미가 있는지 확인해 볼 필요가 있습니다.

교사와 학부모를 위한 가이드
직업 체험 활동

나만의 동물 사전 만들기

　자녀와 함께 동물을 관찰해 보고, 동물 사전을 만들어 봅니다. 먼저 동물 사전에 실을 동물을 정한 뒤 동물 관련 책이나 인터넷 등으로 동물의 정보를 알아냅니다. 그리고 알아낸 정보를 요약하여 공책에 정리합니다. 다음엔 공책을 들고 동물원에 찾아가서 동물을 그림으로 그립니다. 사진을 찍어 두었다가 나중에 공책에 붙이는 방법도 있습니다.

　동물 사전에 동물에 대한 정보를 담을 때는 먹이, 사는 곳과 같은 기초 정보는 물론이고 동물의 특성도 함께 담는 것이 좋습니다. 동물이 사람을 무서워하는지, 편안함을 느낄 때는 언제인지, 어떤 생활 환경을 좋아하는지 등을 알려 주면 알찬 동물 사전이 될 수 있습니다.

　또한 반려 동물을 기르면 보다 손쉽게 동물 사전을 만들 수 있습니다.

반려 동물 키우기

　반려 동물을 직접 키워 보는 경험을 통해 생명의 소중함을 마음에 심어 줍니다. 먹이를 주고, 동물의 대소변을 치우며 동물을 보살피는 과정에서 자녀는 동물이 예쁜 인형이 아닌 생명체임을 깨닫게 됩니다.

추천 사이트

대한수의사회　http://www.kvma.or.kr
농림축산검역본부　http://www.qia.go.kr
동물보호관리시스템　http://www.animal.go.kr
서울대학교 수의과대학　http://vet.snu.ac.kr

예체능 계열

작곡가

Step 1

작곡가 이야기

만화 영화를 보는데, 토끼가 호랑이에게 쫓기는 숨 막히는 장면에서 배경 음악이 흐르지 않으면 느낌이 어떨까요? 아마도 어딘가 허전해서 영화의 재미가 뚝 떨어질 것입니다.

만화 영화의 재미를 더해 주는 음악은 그 밖에도 많은 일을 합니다. 여행길을 즐겁게 해 주고, 예쁜 아기가 잠자는 것을 도와주고, 아픈 마음을 위로해 주지요. 이렇게 좋은 음악은 과연 누가 만드는 것일까요? 바로 작곡가입니다.

대중음악 작곡가 신중현

세계적인 영화 음악 작곡가
엔니오 모리꼬네

한국의 재즈 작곡가이자 가수인 나윤선

Step 2

역사 속 직업 이야기

음악이 언제 처음 만들어졌는지는 알 수 없습니다. 사람이 지구에 처음 탄생했을 때부터라고 해도 틀린 말은 아닐 것입니다. 원시 시대 사람들도 통나무를 두드리고 돌을 부딪치며 음악을 즐겼으니까요. 동굴 벽화, 조각 등에는 옛날 사람들이 음악을 즐기는 모습이 담겨 있답니다.

옛날에는 주로 신에게 제사를 드릴 때 음악을 사용했습니다. 하지만 악보도 남아 있지 않고 녹음도 되어 있지 않아 그 시대의 음악이 어땠는지는 알 수 없습니다. 당연히 작곡가에 대해서도 알 수 없지요.

작곡가는 전문적인 음악 지식을 바탕으로 음악을 창작하는 일에 매달리는 사람입니다. 서양에서는 최초의 작곡가로 '힐데가르트 폰 빙엔'을 꼽습니다. 1098년 독일에서 태어난 힐데가르트 폰 빙엔은 평범한 수녀였습니다. 그녀는 자신이 쓴 시를 바탕으로 성가(천주교에서 신을 찬양하는 노래)를 작곡했습니다. 그 시절 서구 사회는 교회가 사회 여러 분야에 큰 영향을 미치고 있었습니다. 음악도 예외가 아니어서 교회 음악이 음악의 큰 줄기를 이루었지요. 이러한 사회적인 배경 덕분에 힐데가르트 폰 빙엔은 더욱 주목받았습니다. 그녀의 작품은 지금까지도 연주되며, 음반으로도 발매되고 있습니다. 바흐와 베토벤의 음악보다 약 600년이나 앞선 힐데가르트 폰 빙엔의 성가는 변함없이 사랑받고 있어요.

우리나라 최초의 작곡가는 1905년 평양에서 〈학도가〉를 작곡한 김인식입니다. 〈학도가〉는 서양 음계로 작곡한 최초의 악곡이었어요. 김인식은 우리나라 최초의 서양 음악 교사이기도 합니다. 그는 애국가 1절 가사의 작사가로도 알려져 있습니다.

김인식은 우리나라 최초의 사설 음악 교육 기관인 조양구락부에서 학생들을 지도했습니다. 그가 활동하던 시기는 우리나라에 서양 음악이 막 발을 들여 놓던 때였습니다. 서양 음악 교육에 힘쓴 김인식은 우리나라에 서양 음악이 뿌리를 내리는 데 큰 디딤돌을 놓았습니다.

김인식은 '한국의 슈베르트'라고 불리는 홍난파를 키워 낸 지도자이기도 합니다. 홍난파는 조양구락부의 학생이었습니다. 그는 김인식에게 작곡과 바이올린을 배웠습니다. 우리 전통 음악을 서양 악보인 오선지에 옮기는 업적을 세운 이상준도 조양구락부에서 김인식의 지도를 받았습니다.

작곡가들이 작곡을 멈추지 않는 한, 작곡의 역사와 음악의 역사는 멈추지 않고 이어질 것입니다. 우리의 귓가에는 늘 음악이 들려올 것이고요. 그럼 음악을 만드는 작곡가가 어떤 직업인지 더 자세히 살펴볼까요?

작곡가는 어떤 사람일까?

오선지에 음표를 그려 아름다운 선율을 만드는 예술가

음악은 가락, 가사, 악기, 목소리 등으로 이루어진 예술 작품입니다. 우리가 음악을 들을 때 가장 먼저 듣게 되는 부분은 가락입니다. 작곡가는 바로 음악의 가장 핵심인 가락을 만드는 사람입니다. 가락은 멜로디, 선율, 곡, 곡조 등 여러 가지 이름으로 불립니다. 작곡가는 가락을 만들 때 화성, 리듬, 박자 등 음악적 지식과 기술을 이용합니다. 곧 작곡가란 음악적 지식으로 곡을 전문적으로 만드는 음악가라고 할 수 있습니다.

작곡가는 클래식(고전 음악. 보통 서양 고전 음악을 가리킨다), 대중음악, 영화 음악 등 분야별로 전문화되어 있는 편입니다. 분야는 달라도 주제를 정하고 곡을 쓰는 작업 방식은 모두 비슷합니다. 작곡가는 이별, 우정, 자유, 행복 등 무궁무진한 주제 가운데에서 자신이 표현하고 싶은 것을 정하고, 이에 어울리는 가락을 만들지요. 영화 음악이나 뮤지컬 음악처럼 '이야기'가 정해져 있는 경우, 작곡가는 그 이야기를 더 멋지게 표현할 수 있는 음악을 만들어 냅니다. 나아가 만든 가락을 더 멋지게 표현할 수 있도록 악기 배치도 하지요. 이 작업을 '편곡'이

일본의 재즈 음악 작곡가 우에하라 히로미의 연주 장면

라고 합니다. 같은 가락도 기타로 연주하느냐, 피아노로 연주하느냐에 따라 느낌이 많이 달라지기 때문에 편곡을 하는 것입니다.

> **Tip**
> 화성 : '도미솔'처럼 높이가 다른 둘 이상의 음이 함께 울릴 때 어울리는 소리를 화음이라고 합니다. 화성은 일정한 법칙에 따라 화음을 연결한 것을 말합니다.
> 리듬 : 음의 장단이나 강약 따위가 되풀이될 때 그 규칙적인 음의 흐름을 말합니다.

돌발퀴즈

- 빈칸을 알맞게 채워 보세요.

  (   )는 음악적 지식으로 곡을 전문적으로 만드는 음악가입니다.

Step 4

작곡가는 무슨 일을 할까?

사람의 마음을 움직이는 음악을 만들기 위해 작곡가는 먼저 음악의 주제를 정하고, 그 주제에 맞는 음악의 분야를 선택합니다. 이어서 곡의 흐름을 구상하고 가락을 만들지요. 한 편의 곡을 완성하면 곡의 느낌을 더 살리기 위해 편곡도 합니다. 이와 같이 작곡가는 작곡에 땀과 노력을 기울입니다. 그럼 작곡가가 하는 일을 좀 더 구체적으로 알아보겠습니다.

주제에 맞는 음악의 분야를 결정하고 곡을 구상해요

음악은 발라드, 댄스, 힙합, 록, 트로트 등으로 나뉘는 대중가요, 영화 음악, 광고 음악, 뮤지컬 음악, 클래식 등 여러 분야가 있습니다. 작곡가는 음악을 만들 때 우선 표현하고 싶은 주제를 정하고 그에 맞는 음악의 분야를 결정합니다. 슬픈 사랑 이야기라면 발라드, 재미있는 이야기를 다룰 때는 댄스나 힙합 등으로 작곡하는 것이 그 예입니다. 가사가 없는 광고 음악이나 영화 음악도 주제와 영상에 잘 어울리는 스타일을 정해서 곡을 씁니다.

음악의 분야와 스타일을 결정하면 곡 전체의 구성을 그려 봅니다. 소설가가 소설을 쓰기 전에 소설의 개요를 써 보는 것과 같지요. 작곡에도 구성 원리가 있습니다. 대중가요는 보통 도입 부분, 가사 부분, 후렴구, 간주, 마무리 등으로 구성되어 있지요. 작곡가는 자기만의 스타일을 위해 기본적인 구성의 일부를 바꾸기도 합니다.

화음과 화성으로 듣기 좋은 가락을 만들어요

작곡의 기본은 가락을 만드는 작업입니다. 작곡가는 곡의 전체 구상을 마치면 어떤 가락으로 곡을 꾸밀지 고민합니다. 우리가 작곡 하면 흔히 떠올리는 악보를 만드는 단계에 들어서는 것입니다. 작곡가는 피아노나 기타 등의 악기를 치며 생각나는 가락을 연주해 보고 이를 악보에 적습니다. 여러 번 수정을 거쳐 아름다운 선율을 만들어 내지요.

가락을 만들 때 빠질 수 없는 단어는 바로 '화음'과 '화성'입니다. 여러분이 음악 시간에 배운 내용을 떠올려 보세요. '도미솔', '도파라', '솔시레', 음악 선생님이 이 음들을 피아노로 치면서 화음에 대해 설명했을 것입니다. '도'만 치는 것보다 '미'와 '솔'을 함께 칠 때 더 아름다운 소리를 낸다는 것을 느꼈을 거예요. 화음이란 높이가 다른 두 개 이상의 음이 동시에 울릴 때 일어나는 음의 어울림입니다.

화성이란 화음이 두 개 이상 연결된 것을 말합니다. 예를 들어, 두 개의 화음 '도미솔'과 '도파라'가 연결되어 곡이 진행되면 화성이 되는 것입니다.

작곡가는 화음과 화성을 바탕으로 어떻게 하면 좀 더 풍성하고 듣기 좋은 선율의 곡을 만들까 항상 고민합니다.

작곡한 음악을 편곡해요

편곡은 음악에 여러 가지 색깔을 입히는 작업입니다. 편곡의 가장 기본이 되는 것은 악기 연주입니다. 작곡한 가락은 악기로 연주되어야 합니다. 그런데 같은 가락이라도 피아노로 연주할 때와 기타로 연주할 때 서로 분위기가 다릅니다. 또한 하나의 악기로 연주할 때와 몇 가지 악기로 조화를 이루어 연주할 때 역시 그 느낌이 다릅니다. 작곡가는 악기를 편성할 때 곡의 느낌을 최대한 살릴 수 있는지 고민 또 고민합니다.

곡의 형식을 바꾸어 새롭게 꾸미는 것도 편곡입니다. 가령 대중음악 가수들은 발라드를 댄스로 바꾸어 부르거나 록을 발라드로 바꾸어 부르기도 합니다. 이렇게 곡의 분야를 바꾸어 부를 수 있는 것은 편곡 작업이 있기에 가능한 것입니다.

　편곡을 잘하려면 어느 정도 악기를 다뤄야 하고, 악기에 대한 지식도 갖추어야 합니다. 그래서 작곡가들은 여러 가지 악기를 익히려고 열심히 노력합니다.

> **Tip**
> 발라드 : 주로 사랑을 주제로 다룬 잔잔한 선율의 대중가요입니다.
> 댄스 : 춤을 추기에 알맞은 경쾌한 리듬의 대중가요입니다.
> 힙합 : 1980년대에 뉴욕의 흑인 소년과 푸에르토리코 젊은이들이 즐겼던 동적인 춤과 음악입니다.
> 록 : 1960년대 서구 사회에서 유행한 대중음악으로, 전자 악기를 강한 악센트로 연주하는 것이 특징입니다.
> 트로트 : 구성진 가락의 우리나라 전통 대중가요입니다.

- 빈칸을 알맞게 채워 보세요.

작곡가는 주제에 맞는 음악의 분야를 구상하고, 음악을 작곡하며, 작곡한 음악을 (　　)하는 일을 합니다.

교향곡을 연주하는 관현악단

오스트리아의 작곡가 구스타프 말러

" 세계에서 가장 긴 교향곡 "

클래식의 한 분야인 교향곡은 관현악 연주를 위해 작곡한 곡입니다. 교향곡을 처음 만든 사람은 18세기에 활동한 오스트리아의 작곡가 하이든입니다. 교향곡을 108곡이나 만든 그는 '교향곡의 아버지'라고 불립니다.

교향곡은 보통 4악장으로 이루어져 있어서 연주 시간이 긴 편입니다. 그런데 1시간이 넘는 곡도 있습니다. 오스트리아의 작곡가 브루크너가 1877년에 세상에 내놓은 〈교향곡 3번〉은 연주 시간이 1시간 5분에 이르렀어요. 첫 연주회 때는 청중 대부분이 지루함을 못 견디고 객석을 빠져나갔다고 합니다. 브루크너의 교향곡 3번은 그 시절 가장 긴 교향곡이었지요. 그날 끝까지 자리를 지켰던 청중 중에는 구스타프 말러도 있었습니다. 당시 17세였던 말러는 브루크너의 교향곡에 깊은 인상을 받고 교향곡 작곡에 열정을 기울입니다. 그래서 1902년에 연주 시간이 1시간 40분이나 되는 〈교향곡 3번〉을 발표하지요. 이 교향곡은 지금까지 세계에서 가장 긴 교향곡으로 알려져 있습니다.

"지구촌의 대표적인 음악 대학"

- **런던 왕립 음악 대학**
1882년 영국 왕실에서 세운 음악 대학입니다. 1950년대에는 엘리자베스 여왕이 대학의 총장으로 일하기도 했습니다. 클래식을 주로 가르치는 런던 왕립 대학은 뛰어난 음악가들을 많이 키워 냈습니다. 세계적인 뮤지컬 〈지저스 크라이스트 수퍼스타〉의 음악을 작곡한 앤드루 로이드 웨버도 이 학교의 졸업생입니다.

- **줄리어드 음악 대학**
미국 뉴욕 시 맨해튼의 링컨 센터에 자리하고 있습니다. 1905년에 세워진 줄리어드 음악 대학은 클래식을 잘 가르치는 것으로 유명합니다. 한국인으로서 세계에 이름을 알린 첼로 연주자 장영주도 이 대학에서 첼로를 배웠습니다.

줄리어드 음악 대학

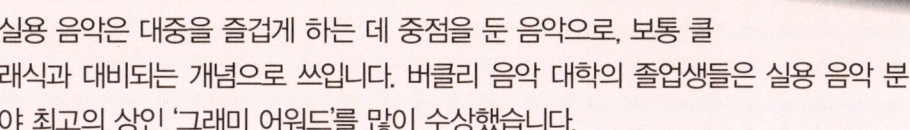
버클리 음악 대학

- **버클리 음악 대학**
1945년 미국 보스턴 시에 세워진 버클리 음악 대학은 세계 최대 규모의 음악 대학입니다. 이 대학은 특히 '실용 음악' 교육으로 유명합니다. 실용 음악은 대중을 즐겁게 하는 데 중점을 둔 음악으로, 보통 클래식과 대비되는 개념으로 쓰입니다. 버클리 음악 대학의 졸업생들은 실용 음악 분야 최고의 상인 '그래미 어워드'를 많이 수상했습니다.

- **슈투트가르트 국립 음악 대학**
독일 슈투트가르트 시에 있는 음악 대학입니다. 슈투트가르트 시는 독일에서 음악, 발레, 악기 제조 등으로 유명한 도시입니다. 1857년 이곳에 세워진 슈투트가르트 국립 음악 대학은 위대한 음악가를 길러 내는 양성소 역할을 하고 있습니다. 대한민국의 손꼽히는 첼로 연주자 이명진도 이 대학에서 공부했습니다.

직업 일기
작곡가의 하루

 지금은 대부분의 사람이 잠든 새벽 3시. 조용한 새벽이 곡을 쓰기에는 참 좋다. 덕분에 아침 햇살은 잘 보지 못하지만. 작업을 하려고 피아노 앞에 앉으니 문득 작곡가가 되기 위해 부지런히 노력했던 지난날이 떠오른다.
 원래 내 꿈은 가수였다. 무대 위에서 빛나는 멋진 가수가 꼭 되고 싶었다. 가수가 될 수 있다면 대학도 포기할 수 있었다.
 가수의 꿈을 간직하고 있던 나는 고등학교 시절 한 방송사의 오디션 프로그램에 참가했다. 다른 도전자들보다 눈에 띄기 위해 내가 만든 자작곡을 준비했다. 하지만 노래 실력이 부족하다는 평을 받고 아쉽게 탈락했다. 그런데 뜻밖에도 반가운 이야기를 들었다. 심사 위원들에게 작곡 실력이 뛰어나다는 칭찬을 들은 것이다. 심사 위원 세 명 모두 내게 작곡가에 도전해 보기를 권했다.
 작곡가로 꿈을 바꾼 나는 대학의 실용 음악과에 진학했다. 대학에서 공부하면서 나는 크게 성장할 수 있었다. 내가 작곡한 곡들은 교수님과 친구들

★오디션★

에게 좋은 반응을 얻었다. 용기를 얻은 나는 연예 기획사에 곡을 보냈다. 운 좋게도 기획사로부터 그 곡을 사겠다는 소식을 들었고, 나는 작곡가의 길로 들어설 수 있었다. 그리고 지금은 대중가요 작곡가로 이름을 알리고 있다.

  지금 쓰려는 곡은 요즘 인기를 끌고 있는 댄스 그룹의 노래다. 처음 발표한 노래가 뜨거운 반응을 얻었기 때문에 두 번째 노래에 대한 기대가 무척 크다. 대중들은 물론 연예 기획사도 큰 관심을 보이고 있다. 나는 이들의 기대와 관심을 만족시켜야 한다. 그래서 부담이 많다.

  그래도 작곡은 참 즐거운 일이다. 버스에서 내가 작곡한 노래가 흘러나올 때, 길을 걷던 사람들이 웃는 얼굴로 흥얼거릴 때 즐거움은 더욱 커진다. 작곡가로서 무척 행복한 순간이다. 많은 작곡가가 이 행복을 얻기 위해 작곡에 매달리지 않을까?

Step 5

작곡가의
좋은 점 vs 힘든 점

좋은 점 : '히트곡'을 만들면 부와 명예와 성취감을 얻어요!

혼자만 듣기 위해 곡을 만드는 작곡가는 아마 없을 것입니다. 작곡가가 작곡을 하는 목적은 음악으로 많은 사람에게 행복을 주기 위해서일 것입니다. 실제로 많은 작곡가가 자신의 곡을 여러 사람이 듣고, 부르고, 연주할 때 성취감을 느낍니다. 클래식 작곡가든, 대중음악 작곡가든 자신의 곡이 '히트곡'이 되었을 때 작곡가로서 큰 보람을 얻지요.

히트곡은 작곡가에게 부와 명예도 안겨 줍니다. 작곡가도 음악을 만든 대가를 받고 생활하는 직업인이기에 부와 명예는 작곡가에게 무시할 수 없는 부분입니다.

- 보기를 보고 정답을 맞혀 보세요.

작곡가는 히트곡을 만들면 성취감 외에 부와 명예도 얻을 수 있다는 장점이 있습니다. 그렇다면 단점은 무엇일까요?

① 마감일까지 글을 쓰느라 스트레스가 많다.
② 창작의 고통이 있다.
③ 사람들을 많이 만나서 설득을 해야 하기 때문에 힘들다.

힘든 점 : 창작의 고통이 있어요!

많은 사람에게 사랑받는 곡을 작곡하는 것은 쉬운 일이 아닙니다. 사람마다 좋아하는 음악이 다르기 때문입니다. 또 누구나 음악에 대한 취향은 변하기 마련입니다. 작곡가가 이 '변화'를 짚어 내지 못하면 곡이 실패할 확률이 높습니다. 곡의 성공에 대한 기대는 작곡가에게 창작의 고통으로 다가옵니다. 대부분의 작곡가가 이 고통을 겪습니다. 단숨에 뚝딱 곡을 써 내는 일은 그리 많지 않습니다.

Step 6 작곡가는 **어떤 능력**이 필요할까?

창의력

작곡가는 새로운 음악을 만들어 내는 예술가입니다. 항상 비슷한 음악만 작곡하면 사람들의 인정을 받기 어렵습니다. 사람들의 관심에서 멀어질 수도 있지요. 다른 음악과 다르면서도 자기만의 색깔을 담은 음악을 창조해 내는 능력은 매우 중요합니다.

관찰력

관찰력은 작곡에 필요한 아이디어를 얻는 데 도움이 됩니다. 작곡을 할 때는 보통 음악의 주제를 먼저 정합니다. 음악의 주제는 사람의 마음을 열 수 있는 열쇠나 다름없습니다. 관찰력이 있으면 이 '열쇠'를 쉽게 찾아낼 수 있습니다. 따라서 일상생활의 작은 부분도 주의 깊게 보고 관찰력을 키우는 것이 중요합니다.

> **돌발퀴즈**
>
> • 알맞은 답을 고르세요.
> 작곡가가 일을 하는 데 다음 중 어떠한 능력이 가장 필요할까요?
> ① 창의력　　　　　② 수리력　　　　　③ 협상 능력

듣기

좋은 음악을 만들기 위해서는 다른 음악도 많이 들어야 합니다. 여러 분야의 음악을 들으면 새로운 영감을 얻어 작곡에 응용할 수 있습니다. 나아가 가락을 들으면 바로 음계를 떠올릴 수 있는 청음 능력까지 갖춘다면 작곡가로 활동하는 데 큰 도움이 됩니다.

악기 다루기

기타든 피아노든 한 가지 악기는 빼어나게 연주할 수 있도록 실력을 갖추어야 합니다. 다만 기타 같은 현악기보다는 피아노 같은 건반 악기가 작곡하는 데 좀 더 편리합니다. 건반 악기가 화음을 표현하기 쉽기 때문입니다.

Step 7 작곡가가 되기 위한 과정은?

중·고등학교

클래식을 목표로 한다면 예술 고등학교가 알맞고, 실용 음악을 목표로 한다면 일반 고등학교든 자율 고등학교든 큰 제한이 없습니다. 대학의 실기 시험에 대비해 개인 지도를 받거나, 사설 학원에 다닐 수 있습니다. 유학에 대비해 영어 공부를 열심히 할 필요도 있습니다.

대학교

작곡과나 실용 음악과에 진학합니다. 실용 음악은 음악을 전공하지 않아도 사설 학원에서 공부할 수 있습니다. 작곡가에게 꼭 필요하지는 않지만 음악치료사 자격증을 취득하는 것도 작곡가로 성공하는 데 도움이 됩니다. '음악치료사'는 음악으로 여러 가지 심리적인 질병을 치료하는 사람입니다.

졸업 후

영화, 드라마, 광고 등의 음악 작곡가, 뮤지컬·오페라 감독, 대중가요 작곡가, 무대 음악 감독, 지휘자 등으로 진출할 수 있습니다.

관련 자격증

음악치료사

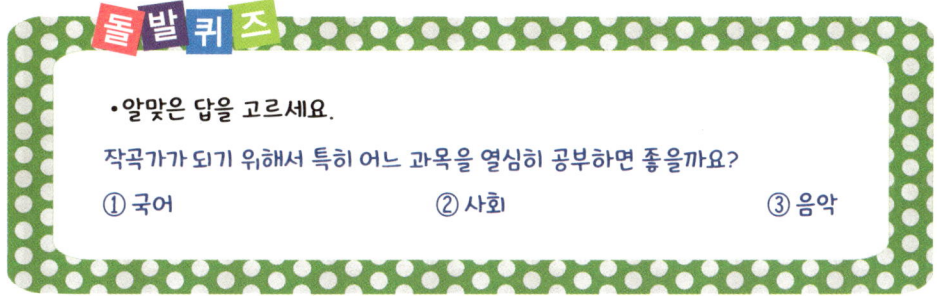

직업 사전, 적합도 평가

작곡가라는 직업이 나와 얼마나 어울릴까?

❖ ( ) 안에 돌발퀴즈의 답을 적어 넣으면 직업 사전이 완성됩니다.

작곡가	직업 사전	직업 적합도		
		항목	평가	점수
정의	( )는 음악적 지식으로 곡을 전문적으로 만드는 음악가입니다.	작곡가라는 직업 자체에 얼마나 흥미가 있나요?	☆☆☆☆☆	/5
하는 일	작곡가는 주제에 맞는 음악의 분야를 구상하고 음악을 작곡하며, 작곡한 음악을 ( )하는 일을 합니다.	작곡가가 하는 일에 얼마나 흥미가 있나요?	☆☆☆☆☆	/5
장단점	작곡가는 히트곡을 만들면 성취감 외에 부와 명예도 얻을 수 있다는 장점이 있습니다. 반면 새로운 음악을 만들어야 한다는 ( )의 고통이 있다는 단점이 있습니다.	장점과 단점을 모두 고려했을 때 작곡가라는 직업에 얼마나 관심이 있나요?	☆☆☆☆☆	/5
필요 능력	작곡가가 되기 위해서는 ( ), 관찰력, 듣기, 악기 다루기 등이 필요합니다.	작곡가가 되기 위해 필요한 능력을 얼마나 갖추고 있나요?	☆☆☆☆☆	/5
되는 방법	중·고등학교 때는 ( )과 영어에 흥미를 가지고 열심히 공부할 필요가 있습니다. 대학교에서는 작곡이나 실용 음악 등을 전공합니다.	작곡가가 되기 위한 공부를 하는 데 얼마나 관심이 있나요?	☆☆☆☆☆	/5

작곡가 적합도(총점) : / 25

직업 적합도 평가 방법

❶ 직업 사전의 항목을 꼼꼼히 읽어 보세요.
❷ 직업 적합도 항목을 읽고 해당하는 만큼 별표를 색칠해 주세요.

    0개 : 전혀 없음   1개 : 거의 없음   2개 : 조금 있음

    3개 : 보통   4개 : 많음   5개 : 아주 많음

❸ 별 1개당 1점으로 계산하여 점수를 적어 넣으세요.
❹ 평가 기준(총점)

총점	적합도	목표 직업으로 삼을 경우 고려할 점
21~25	매우 높음	직업 적합도가 매우 높습니다. 이 직업을 목표로 삼고 필요한 능력을 꾸준히 개발하도록 합니다.
16~20	높음	직업 적합도가 높습니다. 적합도 점수가 낮은 부분을 중심으로 보완하도록 합니다.
11~15	보통	직업 적합도가 보통입니다. 꾸준히 관심을 가지고 이 직업에 대해 알아보도록 합니다.
0~10	낮음	직업 적합도가 낮습니다. 해당 직업과 함께 다른 직업의 정보도 함께 알아보도록 합니다.

Step 8

교사와 학부모를 위한 가이드
적성 & 진로 지도

이렇게 지도하세요

작곡도 아이디어 싸움입니다. 음악회, 독서, 미술 전시회, 연극 관람 등은 참신한 아이디어를 얻는 데 도움이 됩니다. 작곡가에게는 기본적인 수학 능력도 필요합니다. 음악을 풍성하게 만드는 화음 구성은 수학적인 계산을 바탕으로 합니다. 따라서 자녀가 수학에 흥미를 잃지 않도록 부모는 재미있는 수학 학습법을 고민해야 합니다.

자녀에게 음악을 사랑하는 마음을 먼저 심어 주세요. 자신이 작곡한 음악이 많은 사람에게 사랑받을 때 작곡가는 정말 행복하지요. 그런데 이 행복이 찾아오는 데 기대했던 것보다 훨씬 오랜 시간이 걸릴 수도 있습니다.

작곡할 때 악기의 도움을 받기 때문에 악기 연주는 필수입니다. 그런데 악기 연주 실력은 금방 늘지 않습니다. 꾸준히 악기 연주에 매달릴 수 있도록 격려와 관심을 기울여 주세요. 작곡가는 악보를 보는 능력도 필요하므로 악보를 늘 가까이 두는 것도 좋습니다.

학습 설계(중점 과목)

구분 I	구분 II
국어, **영어**, 수학	사회, 과학, **예체능**

활동 설계(관련 활동)

동 아 리	합창반, 악기연주반 실용 음악 동아리, 문화 비평반
독 서	《청소년을 위한 서양 음악사》《음악이 있는 풍경》《세상 모든 게 음악이야》《월경하는 지식의 모험자들》《뮤지킹 음악하기》
기 타	교내 합창제 행사 도우미, 복지관 레크리에이션 봉사

꼭 알아 두세요

문화와 예술 분야의 폭이 갈수록 넓어지고 있습니다. 음악도 예외가 아닙니다. 뮤지컬, 영화, 게임, 광고 등 여러 분야에서 음악이 쓰이고 있습니다. 따라서 작곡가들의 활동 무대도 넓어졌습니다. 활동 무대가 넓어졌다는 것은 작곡가라는 직업의 전망이 밝다는 것을 뜻합니다.

국제화 시대가 되면서 음악도 국제화의 물결을 타고 있습니다. 인터넷으로 전 세계의 음악을 손쉽게 들을 수 있는 요즘 국제화의 물결은 나날이 빨라지고 있습니다. 그러므로 국제화 시대에 적응할 수 있는 작곡가가 더 크게 성장할 수 있는 가능성이 높습니다. 작곡가가 국제화 시대에 적응하려면 전 세계의 음악을 골고루 듣는 것은 물론이고 외국어 공부도 열심히 해야 합니다.

교사와 학부모를 위한 가이드
직업 체험 활동

음악회나 공연장 가기

이어폰이나 오디오로 음악을 듣는 것도 좋지만 음악회나 공연장에 방문해 생생한 음악 연주를 자주 접하는 것이 작곡을 공부하는 데 큰 도움이 됩니다. 악기들이 어떻게 연주되고, 여러 가지 악기들이 어떤 하모니를 만들어 내는지 관심 깊게 살펴보세요. 그 어떤 가르침보다 훌륭한 음악 교육이 될 것입니다.

컴퓨터 프로그램으로 작곡해 보기

초보자도 쉽게 사용할 수 있는 컴퓨터용 무료 작곡 프로그램이 있습니다. 이러한 프로그램으로 직접 작곡해 보는 것은 좋은 경험이 됩니다. 작곡 연습은 음악의 기본 용어들도 익히고, 음악이 만들어지는 과정을 이해할 수 있는 기회가 됩니다. 자녀와 함께 '우리 가족 주제곡'을 만들어 보면 어떨까요?

가족 합주회 열기

음악을 이해하고 빨리 배우는 데 악기 연주만 한 것이 없습니다. 악기를 연주하기 위해서는 기본적으로 악보를 봐야 하므로 음계나 박자, 화성 등을 좀 더 쉽게 배울 수 있습니다. 온 가족이 악기를 한 가지씩 배우면 자녀도 악기 배우기에 흥미를 가질 수 있습니다. 비록 능숙하지 않더라도 가족 합주회도 열어 보세요. 자녀에게 무척 의미 있는 음악 교육이 될 것입니다.

추천 사이트

(사)한국음악협회　http://www.mak.or.kr
세종문화회관　http://www.sejongpac.or.kr
예술경영지원센터　http://www.gokams.or.kr
한국청소년동아리연맹　http://www.kyca.net

수의사

23쪽_ 수의사 　　　　　27쪽_ 치료
33쪽_ ❷번 　　　　　　35쪽_ ❶번
37쪽_ ❷번
38쪽(직업 사전)_ 수의사, 치료, 말, 관찰력, 과학

작곡가

51쪽_ 작곡가 　　　　　55쪽_ 가락
61쪽_ ❷번 　　　　　　63쪽_ ❶번
65쪽_ ❸번
66쪽(직업 사전)_ 수의사, 편곡, 창작, 창의력, 음악

사진 자료

연합뉴스 19p(바다 생물을 치료하는 수족관의 수의사들), 19p(눈 속에 갇혀 있던 산양의 건강 상태를 살피는 수의사), 19p(버려진 동물을 치료한 뒤 새 주인을 찾아 주는 수의사), 23p(소에게 놓을 예방 주사를 준비하는 수의사), 47p(대중음악 작곡가 신중현), 51p(일본의 재즈 음악 작곡가 우에하라 히로미의 연주 장면)

플리커(Jan) 28p(동물원의 동물에게 먹이를 주는 아이들)

플리커(Christopher Woo) 29p(목 보호대를 착용한 강아지)

플리커(tiseb) 47p(한국의 재즈 작곡가이자 가수인 나윤선)

위키백과(Jake Setlak) 47p(세계적인 영화 음악 작곡가 엔니오 모리꼬네)

위키백과(Ritter Alexa) 56p(교향곡을 연주하는 관현악단)

위키백과(Either Aimé Dupont's) 56p(오스트리아의 작곡가 구스타프 말러)

플리커(Ed Uthman) 57p(버클리 음악 대학)

위키백과(Paul Masck) 57p(줄리어드 음악 대학)